AF498145

REMONTRANCES,

AU

PARLEMENT.

Avec des Notas, & Ornées.
de Figures.

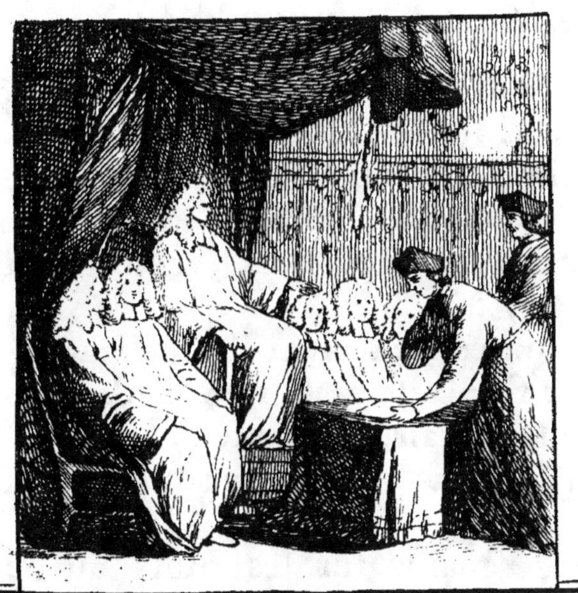

AU PARAGUAY.

De l'Imprimerie Royale de Nicolas I.er

M . DCC . LXI.

Les Constitutions des Jesuites, remises en Parlement.
Par le P. Montigny. le 18. Avril 1761.
Voila, Messieurs nos Saintes Loix.
Convainquez vous enfin vous même
Que notre Monarque suprême
Peut seul oter la vie au Roys. Const. P.S. Edit 157.

REMONTRANCES

A U

PARLEMENT

Sur l'Arrêt rendu le 8 May 1761.

DU Roi, le bien-aimé (*a*) Cour &
    Conseil suprême,
    Ministre du pouvoir, qu'il ne doit
    qu'à Dieu même, (*b*)
    Interprête des Loix, colomne de
    l'État,
Vangeur de l'innocent, terreur du scélerat,
De la grandeur française azile inviolable,
Et de la vérité sanctuaire adorable,
PARLEMENT, qu'as-tu fait? par quelle aveu-
    gle erreur
As-tu porté tes mains sur les oints du Sei-
    gneur? (*c*)

(*a*) Louis quinze, Roi de France a mérité par son amour
pour le peuple l'auguste qualité de LOUIS LE BIEN-AIMÉ.
(*b*) Il n'y a point de puissance qui ne vienne de Dieu, & c'est
lui qui a établi toutes celles qui sont sur la terre. S. Paul 13. 1.
(*c*) Gardez vous bien de toucher à mes oints. psal 16. 22
Les Rois & les Prêtres sont appellés les oints du Seigneur.

A

Retourne au jugement de la chaste Suzanne.
Moderne Daniel de Dieu fidèl organe,
Je viens te l'annoncer. De la Societe'
Tu devois adorer l'antique sainteté. (*a*)
Quand on a sur son front deux cens ans d'in-
nocence (*b*)
Vers soi l'on a le droit d'entraîner la balance.
Le crime parut-il aussi noir que la nuit,
Le Juge doit blanchir la main qui la produit ?
Vieillards de Babilone, indignes de la vie,
Deviez-vous de Jesus noircir la Compagnie (*c*)
Qui d'entre vous pourra le convaincre jamais
D'avoir osé penser au moindre des forfaits ? (*d*)
Son nouveau Versoris, (*e*) sûr de ce qu'il avance,

(*a*) Dans l'assemblée de Poissy & au Parlement, il fut défendu aux Compagnons d'Ignace de prendre le nom de socié é
de Jesus, comme s'il n'y avoit qu'eux qui fussent Saints, &
que tou. les autres dussent être regar ies comme des profanes.

(*b*) Le 15 Septembre 1561 l'assemblée de Poissy reçut &
approuva le Compagnons d'Ignace, non comme une Religion
nouvellement établie en France, mais seulement comme freres
du Collége de Clermont

(*c*) Le Parlement n'a point changé la qualification de freres
du Collège de Clermont donnée aux Compagnons d'Ignace
dans l'assen blée de Poissy, ni dans l'enregistrement des Lettres Patentes, fait le 13 Février 1561 ni à leur rétablissement
en 1603, en 1561 : l'année ne commençoit point au premier
Janvier. Son commencement étoit à Pâques. Le Parlement n'a-
dopta le changement qu'en 1564.

(*d*) La Socié é renferme les perfections de tous les Ordres ;
quelque excellence qu'ils puissent avoir; la société brille d'une
maniere plus éminente. Dans la Société il n'y a ni écume ni
lie, comme il y en a parmi les Moines, qui sont le plus souvent ignorans, stupides, paresseux, negligens en ce qui concerne leur salut adonnes au ventre, &c. *Avis secrets de la Société, chap 5. 7. 7. 13.*

(*e*) Versoris étoit l'Avocat des Jésuites, lorsqu'ils plai-
doient contre l'Université, qui refusoit de les admettre dans
son corps en 1564, Thevenot d'Essaule a plaidé pour eux

A d'un ton ferme dit, même en votre préfence
» Lavalette (*a*) & Ricci (*b*) n'ont jamais
   commercé.
» Ce délit eft contr'eux fauffement avancé.
Externes, ennemis de la gloire des *Nôtres* (*c*)
Eft-il jamais de crime au milieu des Apôtres ?
Les Jéfuites le font. (*d*) L'habit feul de Jefus
Porte avec lui l'éclat de toutes les vertus.
Je ne faurois Meffieurs, allier mon hommage
A l'encens prodigué (*e*) par ce public volage,
Qui penfe fauffement que l'on doit en ce lieu
Dire; le peuple parle; il eft la voix de Dieu.
Que l'efprit des mortels eft facile à féduire !
De leur fonds feuls ils ont tout ce qui peut leur
   nuire.

dans la Caufe des Lioncy ; cet Avocat a été trop animé de l'efprit de fes Parties. Le public a mieux aimé la modération de
fon confrere LAGET, autre Avocat des Jefuites, qui a eu le
malheur de défendre une mauvaife Caufe.

(*a*) Jéfuite envoyé à Saint-Pierre de la Martinique. Il a paf-
fé par divers emplois ; fa derniere dignité étoit celle de Préfet
Apoftolique des Millions de l'Amérique Méridionale. Aulieu
de prêcher l'Evangile de Jefus-Chrift, il a fait le commerce ;
& il a eu des correfpondans aux quatre parties de la terre.

(*b*) Supérieur-Général de la Société des Jefuites, qui a auto-
rifé le P. Lavalette en tout ce qu'il a fait, fuivant les Confti-
tutions de la même Société.

(*c*) LES NÔTRES font tous ceux qui font de la Société de
Jefus. Les Externes font ceux qui n'en font pas.

(*d*) Les Jéfuites font un quatriéme vœu, par lequel ils pro-
mettent au Pape une obéiffance fpéciale pour ce qui concerne
les Millions. Ce qui fait donner à quelques-uns d'entr'eux la
qualité de Préfet Apoftolique de ces Millions.

(*e*) Dans une Caufe célebre, plaidée à la Grand'Chambre,
on n'a jamais vû un applaudiffement plus grand que celui que
le public donna le 8 Mai 1761, au plaidoyer de M. Pelletier
de Saint Fargeau, Avocat Général, & au prononcé de M le
Premier Préfident Molé. Celui ci fut conduit jufqu'à la porte de
fon Hôtel, au milieu des acclamations du peuple, & l'autre
jufqu'à la portiere de fon carroffe.

A ij

Votre Arrêt du 8 Mai (*a*) ne vous fait point
   d'honneur.

Dans le doute il falloit prononcer en faveur (*b*)
De l'Ordre le plus saint & le plus respectable.
Tout Jésuite a de droit tout Juge favorable.
Le sage Parlement (*c*) qui fit grace à Girard, (*d*)
N'auroit point à la Grève exécuté Guignard (*e*)
Il connoissoit à fonds les utiles maximes
De ceux qui sans péché (*f*) commettent les grands
   crimes.
A votre place il eut condamné Lioncy (*g*)

(*a*) Arrêt où la Cour, composée de trente-deux Juges, a d'une
voix unanime, condamné le Supérieur-général & en sa personne la Société des Jésuites en cinquante mille livres de dommages & intérêts envers les Parties de Gerbier, Avocat des
sieurs Gouffre & Lioncy

(*b*) Toutes les fois qu'il s'éleve quelque doute sur l'intelli-
gence des priviléges de notre Société, tous les Jurisconsultes,
& tous les Juges, soit dans le Parlement, soit dans le Conseil
du Roi en doivent faire en tous tems l'interprétation en faveur
de la Société. *privil.* §. 4.

(*c*) Le Parlement d'Aix se deshonora en 1720, dans l'affaire
du P. Girard & de la Cadiere, si connus tous les deux à Toulon.

(*d*) Le P. Girard, Jésuite, mort à Dôle, en Franche-Comté,
en odeur de sainteté, au Jugement du P. Montigny ; & suivant
le P. Colonia, avec son innocence baptismale

(*e*) Le P Guinard, Jésuite, pendu & brûlé à Paris en Place
de Grève, pour avoir dit qu'il étoit permis de tuer Henry IV.
que l'action de Clément parricide d'Henry III. avoit été un don
du Saint Esprit Les Jésuites de Lisle ont élevé un Autel à ce
séditieux avec cette inscription blasphematoire: *le bienheureux*
Guignard, mis à mort pour la foi par les Hérétiques de France

(*f*) Les Jésuites de Portugal ont décidé que le parricide qui
mervi Sa Majesté Très Fidèle, ne seroit pas même coupable
d'un peché veniel. Jugement de Portugal. Pag 7

(*g*) Les Lioncy freres, & Gouffre Négocians à Marseille,
avoient accepté pour quinze cens mille deux cens soixante-seize
livres deux fois un denier, de lettres de change tirées par le P.
Lavalette. Les Lioncy pour faire honneur à leurs affaires,
avoient vendu tout ce qu'ils possédoient, & l'on peut dire
qu'ils avoient été réduits à la chemise qu'ils portoient sur le

A céder ſa chemiſe au Monarque Ricci. (*a*)
Ricci fait le commerce, eût-il dit ; qu'il le faſſe.
C'eſt la profeſſion des vrais Enfans d'Ignace (*b*)
Chacun doit obſerver les loix de ſon état.
Il me ſemble déjà vous voir de ce Sénat (*c*)
Fronder indignement la louable conduite.
Il fit ce qu'on faiſoit alors (*d*) pour le Jéſuite.
Il ſeroit à préſent auſſi méchant que vous.
Votre ſiniſtre exemple allume ſon courroux.
Et la ſéduction s'emparera des autres.
Vous ne ſauriez jamais empêcher des Apôtres
D'aller prêcher partout la parole de Dieu.
Ils ont ce droit du Pape. Ils iront en tout lieu,
Malgré votre défenſe, en prêchant l'Evangile,
Allier ſagement le ſaint avec l'utile.
Je ne puis approuver le grave S A I N T - FAR-
G E A U (*e*)

corps, au moment où la Société ne remplit point les engage-
mens qu'elle avoit contractévis-à-vis de ces Négocians de bonne foi.

(*a*) Gregoire XIV. a donné en 1591, une Bulle par laquelle
ce Pape déclare que le gouvernement de la ſociété don Ignace
eſt le fondateur, en eſt tout un gouvernement monarchique,
qui dans ſes déciſions, dépend uniquement de la ſuprême vo-
lonté d'un ſeul Supérieur-Général

(*b*) Les Jéſuites ont obtenu de Grégoire XIII. le privilége
de faire le commerce dans les Indes, & de faire ſeuls les Miſſions du Jappon excluſivement à tous autres Religieux, afin
d'avoir plus de liberté de commercer.

(*c*) Le Parlement d'Aix

(*d*) Les Jéſuites depuis leur inſtitut n'ont employé que les
voies d'autorité pour ſe ſoutenir. Ils ont eu aſſez de malice
pour faire paroître blanc ce qui étoit noir, & noir ce qui étoit
blanc.

(*e*) M. Pelletier de Saint-Fargeau a tenu à l'Audience contre les Jéſuites ce langage vraiment evangélique, & a donné
ſur'eux des Concluſions ſuivies par la Grand'Chambre. C'eſt

D'avoir malignement ofé dire au Barreau;
En faifant l'expofé de la banque publique
Que l'Agent (*a*) de Ricci fait à la Martinique.
» Jéfuites, par état vous devez en ce lieu
» Aux Sauvages prêcher la parole de Dieu.
» A des travaux mondains votre talent s'exerce.
» Vous n'avez d'autre foin qu'un infâme com-
    merce.
» Votre cœur fous ce joug fans ceffe eft affervi.
» Dieu par vous ne peut être avec Mammon
    fervi (*b*)
Mal à propos, Meffieurs, dans leur riche carriere
Vous voulez de vos mains pofer une barriere.
Vous n'avez point ce droit. Il vous eft dénié.
De fait votre Sénat eft excommunié. (*c*)
Du Midi jufqu'au Nord, du Couchant à l'Au-
    rore,
Ils ont fait avant vous ce qu'ils féront encore.

dommage que ce digne Magiftrat ne foit pas Evêque ; le Clergé de France auroit dumoins un Prédicateur de la vérité.

(*a*) Le P. Lavalette n'a point agi à la Martinique, comme
un Préfet Apoftolique des Miffions ; il étoit le premier commis du Général de la Socié e, la caiffe de ce Banquier fe verfoit dans celle du P. de Sacy à Paris, & celle de ce Procureur-
Général des Miffions de l'Amérique, fe verfoit dans le coffre
fort du Supérieur Général de la Compagnie de Jefus, réfidant à
Rome. Ce fait eft confta é par une Sentence des Confuls de
Paris rendue au profit de le veuve Grou, le 30 Janvier 1760.

(*b*) Nul ne peut fervir deux Maîtres ; car ou il haïra l'un, &
aimera l'autre, ou il refpectera l'un, & méprifera l'autre ; vous
ne pouvez fervir Dieu & l'ARGENT *Saint Matthieu. 6. 24.*

(*c*) Tous ceux qui auront la téméraire hardieffe de contre-
venir à nos priviléges, qui permettent aux NÔTRES de faire
des FAUTES, encourront L'EXCOMMUNICATION. *compend. meb
privil.* §. 10.

Dès leurs plus jeunes ans, encor dans le ber-
   ceau (*a*)
  Les Jésuites dans l'Inde envoyoient un Vaisseau.
Ils le chargeoient pour eux de toutes marchandi-
   ses,
Sans être aux droits d'Espagne en son trajet sou-
   mises.
Pour moitié seulement ces fils de Loyola
En faisoient partir un de Dieppe au Canada.
Le Général lui même avec la Compagnie
Autorisa la charge, en fit la garantie,
Ces Peres de leurs prêts recevoient à Pequin
Jusqu'à trente pour cent l'Evangile à la main.
Ils font Courtiers, Bouchers, Parfumeurs au
   Maxique.
Ils ont à Carthagêne une banque publique.
Leur florissant commerce est à Pondichery,
A Nanquin, à Canton, à Manille établi.
Leur Paraguay fournit par ses trésors immenses
De quoi faire partout les plus grandes dépenses.
Ils ont dans tous les Ports des magasins ouverts,
Où vient l'or de la terre, & les perles des mers,
Le tabac, le caffé ; le sucre, la canelle,
La perse, le velours, le galon, la dentelle.
Des chiens d'un Empereur ils font valets zèlés.
Ils vendent du porc frais, & des poissons salés.
Nul n'est oisif chez eux. L'un est simoniaque,

(*a*) En 1594, Antoine Arnaud, Avocat de l'Université de
Paris, reprochoit aux Jésuites d'envoyer un grand Vaisseau aux
Indes, chargé de leur or & de leurs marchandises, sans payer
le quint au Roi d'Espagne.

A iv

L'autre publiquement vend de la thériaque. (*a*)

Convainquez-vous enfin par ces faits évidens

Que le Corps Jésuitique est un Corps de Mar-
  chands.

Il a pour le trafic d'aussi grands Priviléges

Que pour l'A B C D qu'il enseigne aux Colléges.

Que ferez-vous, Messieurs, contre ses bou-
  levards

Son chef tient dans sa main la force des Césars.

Foibles roseaux, toujours sous ce chêne superbe

Vous irez, en tremblant, baisser vos fronts
  sur l'herbe.

Vos Arrêts seront-ils de plus fortes raisons

Que celles dont l'Eglise a chargé ses Canons ? (*b*)

Lavalette fera sans cesse en Amérique

Ses traites, ses achats, & sa banque publique

Excepté les trafics, tirés de Portugal, (*c*)

(*a*) Les Jésuites faisoient à Paris dans leur maison Professe, rue S. Antoine, une très-grande quantité de Thériaque. Les Apoticaires s'étant trasportés sur les lieux, trouverent les Jésuites en flagrant délit, saisirent leurs boëtes de thériaque, le 9 Juin 1760, Monsieur de Sartines, Lieutenant-Général de Police, prononça au Châtelet le 2 Septembre 1760, une Sentence, qui déclare la saisie bonne & valable & dans la forme & dans le fonds, condamne les bénits Peres à cent livres d'amende, & leur fait défenses d'exercer la profession d'Apoticaire suivant les Saints Canons, Arrêts & Réglemens du Royaume.

(*b*) Saint Jérôme veut que l'on évite comme la peste l'Ecclésiastique Négociant ; lequel, selon S. Paul, doit être un soldat toujours prêt à combattre pour Dieu, & toujours dégagé de l'embarras des affaires du siécle.

(*c*) Tout trafic est interdit aux Jésuites en Portugal, depuis qu'ils ont été chassés pour leurs forfaits, dont l'univers attend le châtiment avec la plus grande impatience. Le Cardinal Saldanha leur reprochoit de vendre jusqu'à du Poisson salé.

Mêmes pouvoirs chez lui viendront du Général.
Sans emprunter ici le tour de l'hiperbole,
Ses Navires iront de l'un à l'autre pole.
Il pourra dire encor de Saint-Pierre (*a*) écri-
     vant,
» Ici les sucres ont baissé de dix pour cent (*b*)
» Voilà pourquoi j'ai soin d'en ACHETTER à
     force.
» C'est pour notre maison une flateuse amorce
» Dans le mois tous mes fonds recevront leur
     emploi.
» Plus de cinq cens tonneaux composeront
     l'envoi.
» J'en ferai deux par an. Comptez sur ma
     promesse.
» Cinquante mille écus sont encor dans ma
     caisse
» Malgré deux cens tonneaux de bon sucre
     ACHETÉS,
» Payés, & sur le champ au magasin portés,
» Deux mille tous les ans avec mon industrie
» Passeront par Grasson, Bourdeaux, & Com-
     pagnie. (*c*)
» J'ai mis entre les mains de Gautier &
     Coen (*d*)

(*a* Ville considérable de la Martinique, maison de résidence
& chef lieu des Missions des Jésuites da ns l'Amérique Méri
dionale.
(*b*) Extrait de plusieurs Lettres du P. Lavalette, écrites aux
Lioncy, & rapportées à l'Audience par M. de Saint-Fargeau.
(*c*) Associés du P. Lavalette.
(*d*) Correspondans du P. Lavalette.

» L'argent pour ACHETER le Vaiſſeau de
    Diant (a)

» Ces ſoins, joints au départ de la Reine des
    Anges (b)

» M'attireront partout des moiſſons de louan-
    ges.

» Mais ce n'eſt que du vent. Faiſons notre
    mſtier.

» Vous & moi nous ferons un grand coup en
    Janvier ;

» Si vos nouveaux Vaiſſeaux mis à l'abri des
    priſes ,

» Arrivent en ce tems chargés de Marchandiſes.

» Mon eſprit un moment ne peut être en repos.

Pour faire du tafia (c) j'ACHETE des ſirops.

Saint Pierre eſt augmenté d'une Vinaigrerie ,

D'un grand corps de logis , & d'une Gra-
    gerie (d)

Ses revenus ſeront, ſans mes gains bien plus
    grands , (e)

Bon an , mal an, portés à deux cens mille
    frans. (f)

(a) Riche Négociant.

(b) Navire appartenant aux Lioncy.

(c) Eſpece de Vinaigre , dont les Négre font leur boiſſon à
la Martinique.

(d) Moulin à Eau.

(e) Le P. Lavalette faiſoit chaque année un Commerce de
pluſieurs millions. Chaque million par an lui rapportoi ſeize
cens mille francs. Ce calcul eſt cité dans le Mémoire des Lioncy qui eſt à la tête de la ſçivante Conſultation de Monſieur
de la Source.

(f) Extrait d'une Lettre du P. Lavalette , écrite de Saint-
Pierre de la Martinique au Sieur Cr. ** le 15 Juillet 1757,

Au long & vrai difcours de ce Banquier ha-
      bile,
Eft-ce ainfi, dites-vous, qu'on prêche l'Evan-
      gile ?
Rome ne peut jamais permettre un tel abus;
Rome au lux livrée, aime bien les écus;
Mais depuis Simon (*a*) Rome a toujours de
      fa chaire
Anathématifé l'Apôtre mercenaire.
   Sur ces vaines raifons & les vieux fonde-
      mens
Dont le Clergé Gaulois formoit fes monu-
      mens (*b*)
Et que vous raffemblés à cháque remontrance,
Pour laffer de Louis la longue patience,
Dans votre Sanedrin vous avez arrêté
L'anéantiffement de la Société.
   A vous entendre, il faut exterminer la trace
Du Commerce que font les héritiers d'Ignace.
Ils font, pour l'avoir fait, chaffés du Portu-
      gal, (*c*)
Où leur main meurtriere a caufé tant de mal.

(*a*) Saint Pierre, premier Evêque de Rome, envoyé par Jefus-Chrift pour prêcher des hommes, & non pas pour les dé-
pouiller de leurs biens.

(*b*) Libertés de l'Eglife Gallicanne, qui ne font autre cho-
fe que les decifions des premiers Conciles de l'Eglife, & les
régles de la juftice & de la droite raifon.

(*c*) Le 3 Septembre 1759, les Jéfuites ont été chaffés de
Portugal. S'ils n'avoient point fait le Commerce ou du moins
s'ils avoient obéi au Cardinal Saldanha, nommé Réformateur
de la Société par Benoît XIV. d'heureufe mémoire ; ils n'au-
roient point éprouvé cette honte, qui a été le commencement
de tous les malheurs dont ils font menacés. La cupidité eft la
racine de tous les maux.

A vj

Ils ont à des Prélats (*a*) donné la mort eux-
    même,
Quand ils leur reprochoient leur avarice ex-
    trême.
Auteurs perpétuels de nos gémissemens,
Ils ont fait endurer les cruels tourmens
A d'autres qu'un grand Prince (*b*) en son cœur
    canonisé,
Pour les avoir trouvés vrais Pasteurs de l'Eglise,
En attendant que Rome ait aux yeux des mortels
Avec solemnité décerné des Autels.
La gloire du très-Haut, instrument de Justice,
De ces fourbes toujours a voilé la malice ;
D'abord prenant le nom qui leur fut dé-
    fendu, (*c*)
Ils ont fait en tout lieu tout ce qu'ils ont
    voulu.
Que ce fut pour punir une Cour criminelle
De sa haine pour Dieu, des froideurs de son
    zèle

(*a*) M le Cardinal de Tournon, M. l'Evêque d'Halicar-
nasse, de la Bauve

(*b*) Le Roi d'Espagne poursuit à Rome avec un zèle infati-
gable, la Canofation de Dom Jean de Palafox, persécuté par
les Jésuites.

(*c*) M. du Bellay, Evêque de Paris, fut consulté par le Parlement sur les Bulles & les Lettres Patentes présentées par les
Jésuites en 1554 Ce digne Père du Concile de Trente, &
une des grandes lumieres du Clergé de France, s'explique ainsi : dans son avis. Le nom que les Compagnons d'Ignace prennent de Sociéé de Jesus, est un nom ARROGANT ; comme
s'ils se vouloient dire SEULS & faire & constituer l'Eglise.
En conséquence le Parlement les a appellés Freres du Collége
de Clermont, & leur a défendu de prendre le nom de Sociéé de Jesus.

Envers fon Souverain par le glaive emporté,
Ou pour punir l'orgeuil de la Société;
Du Pafteur légitime ils ufurpent les chaires,
Et fe donnent le nom de grands Miffionnaires.
Le vrai Prédicateur en tout tems, en tout lieu
Annonce la Juftice & le Régne de Dieu.
Il prêche fa clémence & fon regard propice
Aux pécheurs engloutis dans l'abîme du vice.
L'avarice & l'orgueil font dans fon humble cœur
Des victimes qu'il offre à la Croix du Sauveur.
Il eft de l'Eternel l'Embaffadeur fidèle
La voix du Dieu qui tonne à l'oreille rebelle.
Il eft mort pour le monde ; & le monde à fon
    tour
Eft en tout tems pour lui fans vie & fans amour.
S'il vit encor, fa vie, en Jefus-Chrift cachée,
De tout lien charnel demeure détachée.
On ne le verra point, d'un faux éclat épris,
Comme nous le voyons à préfent à Paris,
Etre honteufement traduit à l'Audience,
Pour être fans argent au jour de l'échéance,
Et pour renouveller dans nos climats les vols
Faits par l'Ignacien fur dix mille Efpagnols,
Dont les cris élevés vers la célefte voute,
Se font encore entendre après fa banque-
    route (a)

(a) En 1646, arriva la fameufe banqueroute de Seville en Efpagne. on Palafox dans une lettre qu'il écrivit à ce fujet à Innocent X le 8 Janvier 1649, en fait une defcription lamentable. „ Toute la grande & populeufe Ville de Seville, dit-il, „ eft en pleurs, très-Saint Pere ; les veuves de ce pays & les or-

Si par les grands respects, dûs à l'autorité,
Au Tribunal d'un Roi Jesus s'est présenté ;
La fin de sa démarche étoit de rendre hom-
   mage
Au Dieu de vérité dont il étoit l'image.
Pour payer à César un légitime impôt,
Tout Roi qu'il est, il veut qu'on le paye aussi-
   tôt.
Sur les bords de la mer un poisson vient paroître,
Avale l'hameçon pour liberer son maître.
Nul de ses envoyés n'a dans ses Missions
Jamais été repris pour plusieurs millions,
Dont il auroit vraiment reçû comptant la
   somme ,
Pour la faire toucher dans un autre Royaume.
Leur fonction étoit d'envoyer dans les cieux
Les trésors rachetés par un sang précieux.
Paul pour les biens d'autrui ne sent aucune
   envie ;
Sa main seule pourvoit aux besoins de sa vie.
Sans argent & sans or Pierre est près d'un boi-
   teux ,
Qui lui tendoit la main en un temple fameux.
Loin d'avoir un Bureau comme les fils d'Ignace,
Mathieu quitte le sien , & prêche sans besace.
Les envoyés du Dieu qui créa l'univers ,
N'ont sur l'éclat de l'or jamais les yeux ouverts.

„ phelins se plaignent avec cris & larmes d'avoir été trompés
„ par les Jésuites qui après avoir tiré d'eux quatre cens mille
„ ducats , & les avoir depensés pour leur usage particulier , ne
„ les ont payes que d'un honteuse BANQUEROUTE.

Ils tirent de la Foi leurs principales armes
» Leurs pieds, dit Isaïe (a) offrent partout
    des charmes.
» Sur les monts de Sion ils montent humble-
    ment,
» Pour prêcher d'un Sauveur le prompt avêne-
    ment,
» Pour publier la paix aux lieux qui font en
    guerre,
» Pour annoncer un bien inconnu fur la terre,
» Et pour dire à Sion ; votre Dieu parmi vous
» Vient à jamais fixer fon régne le plus doux.
    Les Jéfuites livrés au feul bien périffable,
Ne font point envoyés par le Dieu véritable,
Par ce Roi, qui pour tous fur la croix attaché,
Veut que l'amour de l'or foit du cœur arraché.
S'ils traverfent les mers ; le grand but de leur
    courfe
N'eft pas de convertir, c'eft de remplir leur
    bourfe.
C'eft d'eux dont le Seigneur parle ainfi dans fes
    Loix (b)
» Je ne leur ai jamais fait entendre ma voix ;
» en tout tems cependant ils parlent en Pro-
    phêtes,

(a) Que les pieds de celui qui annonce l'heureufe nouvelle,
& qui prêche la paix fur les Montagnes, font beaux : les pieds
de celui qui annonce la bonne nouvelle, qui prêche le falut,
qui dit à Sion ; votre Dieu eft en poffeffion de fon regne.
Ifaïe. 52. 7.

(b) Je n'ai point envoyé des Prophetes ; & ils couroient
d'eux-mêmes : je ne leur parlois point, & ils prophetifoient de
leurs têtes Jerem. 23. 21. 6. 14.

» Je n'envoyois personnes, & ces superbes
    têtes,
» Couvrant mes vérités sous des voiles épais,
» Couroient de toutes parts, criant la paix,
    la paix ;
» Lorsque, pour détacher les pécheurs de la
    terre,
» Au sein de leurs plaisirs je leur faisois la
    guerre.
    Voilà votre langage. On diroit qu'à Soif-
    sons (a)
Barvic dans votre exil vous donnera ces le-
    çons (b)
Fut-il jamais en rien imitable en notre âge ?
Qu'on juge du Prélat par son dernier Ouvra-
    ge ? (c)
Le reste du Clergé, la docte Faculté (d)
Ont des yeux bien meilleurs pour la Société,
Vous n'avancerez rien. J'en ai l'expérience.
Les Jésuites sont nés pour tout détruire en Fran-
    ce. (e)

(a) Dans le dernier exil du Parlement en 1753, la Grand'-Chambre fut exilée à Soissons.

(b) M. de Fitz-james, Evêque de Soissons, fit un acceuil favorable aux exilés.

(c) Ce Prélat fait honneur à l'ancien Clergé de France. Il est recommandable par la science & sa piété. Son Instruction Pastoral contre le P. Berruyer Jésuite, est un monument de doctrine digne des Peres des quatre premiers siécles de l'Eglise.

(d) La Faculté de Théologie de 1761, est differente de la Faculté de Théologie de 1554.

(e) La Societé des Jésuites paroît dangéreuse pour ce qui concerne la foi, capable de troubler la paix de l'Eglise, de renverser l'ordre Monastique, & plus propre à détruire qu'à édifier. *Décret de la Fac. de Théol. de Paris. 1. Déc. 1554.*

Le zèlé défenseur de l'Université,

Arnaud (*a*) plus d'une fois chez vous l'a ré-
    pété.

Ses nerveux plaidoyers ont produit la ruine

Des plus fermes remparts de la sainte Doctri-
    ne (*b*)

A l'aspect de ces maux, dont vos yeux sont
    témoins,

Vous avez redoublé votre zèlé & vos soins.

Vous voulez la contraindre à l'aquit de ses dét-
    tes ;

Messieurs de la Grand'Chambre, oh ! pour le
    coup vous êtes

Je vous l'ai déjà dit , tous excommuniés.

Allez vous prosterner très humblement aux
    pieds

De quelque Député du Souverain Monarque ,

Qui dispose à son gré des ciseaux de la par-
    que (*c*)

Les Jésuites jamais ne s'obligent à rien.

A ses Loix en tous tems il faut être fidèle.

Vous avez eu grand tort de condamner leur
    zèle.

Le Bâton (*d*) doit aller selon qu'il est poussé;

(*a*) Antoine Arnaud , pere du grand Arnaud, & des deux Saintes Abbesses de Port-Royal , Avocat de l'Université contre les Jésuites.

(*b*) Messieurs de Port Royal.

(*c*) Quand il sera question de tuer un tiran , il ne faudra point exécuter le projet, sans consuler le Général de la Société. *Constitutions des Jésuites.* Qui s'oppose à leurs loix , est un tiran.

(*d*) Ceux qui vivent sous l'obeissance du Général , doivent se regarder comme un bâton dans la main d'un vieillard. &c

Et le Cadavre agit selon qu'il est pressé.
Bonne ou mauvaise on doit suivre sa cons-
    cience.
Le timide recule ; & l'intrépide avance.
Le Ciel dût-il tomber , quand on a fait un pas,
Du cœur ferme la gloire honore le trépas (*a*)
Des fils de Loyola c'est l'antique Doctrine ,
Il ne faut pas toujours suivre la Loi Divine.
Selon les tems, les lieux, il faut agir , parler,
Tantôt montrer son front , & tantôt le voi-
    ler ,
Des plaisirs aux Puissans offrir la douce amor-
    ce ,
De la Religion leur annoncer l'écorse , (*b*)
Jamais devant les Rois du fils d'Elizabeth (*c*)
N'avoir la fermeté , ni le zèle indiscret,
Aller même au devant de ce qui peut leur
    plaire,
Avoir ses intérêts pour son unique affaire,
Regarder en tout tems comme suprême loi,
De faire un gain de tout même sans bonne
    foi ,
D'un souverain mépris honorer cet Apô-
    tre (*d*)

comme un cadavre que l'on porte partout où l'on veut. *Constit.
part. 6. ch. 1. §. 1.*
    (*a*) Langage du P. Mamaihi Jésuite.
    (*b*) Que nos Prédicateurs se souviennent avant toutes cho-
ses d'exercer envers les Princes un traitement plein de caresses,
de ne les avoir en vue en aucune façon dans leurs Sermons ,
& de les exhorter ce politique. *Secrets de la Société
Chap. 4. 4*
    (*c*) Saint Jean-Baptiste , fils de Zacharie & d'Elisabeth.
    (*d*) Saint Paul, qui dit, je n'ai désiré ni l'argent ni l'or, ni

Pour prendre en nos filets les puissants de la terre
Des Notres donnez leur les commodes leçons,
A leurs tendres penchans ne faites point la guerre,
Et jettez devant eux ces Friands hameçons.

Qui n'a pas même osé désirer l'or d'un autre;
Comme lui la richesse un niveau du fumier,
Par toute voie enfin enchaîner la fortune.
La meilleure régle est de n'en avoir aucune.
Avec cet artifice on vient about de tout.
L'on rencontre toujours dequoi flatter son
    gout.
A la cupidité rien n'est si salutaire.
Les fils d'Ignace en font un usage ordinaire.
Si l'on ne les voit point rendre un bien retenu.
C'est que leur propre loi le leur a défendu (*a*)
Selon eux tout métier mérite son salaire.
Quand on est engagé dans celui de Corsaire
Il faut fidélement en observer les loix ;
Comme il faudroit encor verser le sang des
    Rois,
Quand même on agiroit contre sa consc-
    cience,
Si l'on avoit fait vœu d'aveugle obéissance. (*b*)
La loi de l'intérêt est un lien si fort,
Que sa stabilité dure jusqu'à la mort.
En vain l'on vous dira par un flateur langage,
La Grand'Chambre est vraiment un autre aréo-
    page.
Elle ne pouvoit rendre un meilleur Jugement;
Le Jésuite est en tout condamné justement.

l'habit de personne. *Act.* 20. 33. J'ai regardé toutes choses comme des ordures pour gagner Jesus-Christ. *Philipp* 3. 8.
  (*a*) La Société a le plus ample pouvoir de dispenser de payer ses dettes. *Avis secrets. Chap.* 2. 10.
  (*b*) Messieurs Gerbier & le Gouvé, Avocats des Lioncy.

Nous avons entendu de nouveaux de Moste-
        nes , (*a*)
De nouveaux Orateurs des tribunes Romaines ,
Qui , laissant à leur art toute sa liberté ,
Ont tiré le rideau de la Société.
Pelletier (*b*) hardiment a fait à l'Audience
Ce que n'osera faire aucun Prélat en France.
Rempli de cet esprit, qui parle sans frayeur ,
Du trafic Jésuitique il a montré l'horreur ;
Et , du Juge suprême en tout suivant l'exem-
        ple ;
A conclu de chasser les vendeurs de son temple.
De Ricci Lavalette avoit un plein pouvoir (*c*)
Pour aller dans Saint Pierre élever un comptoir.
La bonne foi toujours doit être respectée
La mauvaise en tout tems doit être rejettée.
Sans nul égard du rang où l'on est engagé ,
Sur le délit commun l'on doit être jugé.
Cet Ordre si puissant, en aucun lieu de France ,
De droit, n'a jamais eu de réelle existance. (*d*)
Il doit être pourtant jugé selon ses Loix.

(*a*) L'obéissance que l'inférieur Jésuite doit à son Général,
est une obéissance aveugle, qui exige l'abnegation de tout sen-
timent, & de tout jugement, & la persuasion intime que la
Justice a dicté en tout l'Ordre qu'il a reçu. *Const* p. 6 chap. 1.
(*b*) M. Pelletier de Saint-Fargeau , Avocat-Général.
(*c*) Précis du Plaidoyer de M. de Sain-Fargeau.
(*d*) M. Dumesnil , ancien Avocat Général, a dit : les Jésuites ne sont ni reçus, ni approuvés comme Religion par les
Cours & Eglises de France ; ils sont reçus par forme d'assemblée du Collège, à la charge de les REJETTER si quand ci-après
ils seront découverts être NUISIBLES , ou faire préjudice à l'E-
tat du Royaume.

Pour tout crime le glaive est dans la main
    des Rois. (*a*)
Dans ce Corps, qui commerce & par mer &
    par terre,
La solidarité n'est point une chimere.
Un seul chef y commande ; & dans tout ce
    qu'il dit,
Sa voix devient partout la voix de Jesus-
    Christ. (*b*)
Tout membre par lui seul pense, agit, &
    contracte.
Son nom seul peut casser, ou valider toute
    acte. (*c*)
L'ayman a reconnu le pouvoir souverain,
Que la Société dépose dans sa main.
De tous les biens du Corps ce Chef a le do-
    maine.
Sur tous également sa main est souveraine.
Les autres Corps n'ont point ce privilége
    heureux?
Leurs biens par proportion sont divisés en-
    tr'eux.
Dans la Société tout fait manse commune.
L'administration est pareillement une.

(*a*) Ce n'est pas inutilement que le Prince à le glaive en main. Il est le Ministre de Dieu, pour exécuter la vangeance, en punissant celui qui fait le MAL. *Rom.* 13. 4.

(*b*) Il faut obéir à la voix du Général, comme si elle étoit sortie de la bouche de Jesus Christ. *Const. part.* 6 *chap.* 1 §. 1.

(*c*) Le Général a toute faculté de faire toutes sortes de contrats, & personne n'en passer aucun, sans être autorisé du Général. *Régle de la Société n.* 13.

Il n'eſt qu'un bien chez elle ; un domaine ;
    un pouvoir ;
Son Chef a tout ; ſans lui nul ne peut rien
    avoir ;
Et dût-on avoir fait emploi de marchandiſes,
Elles ſont, s'il lui plaît, en d'autres mains
    remiſes ?
Ricci fait rendre à Rey (*a*) par un ordre
    formel (*b*)
Des fonds que Lavalette envoyoit à Dédel. (*c*)
Qui diſpoſe d'un fonds doit en être le mai-
    tre.
Dans tous les Tribuneaux on doit le recon-
    noître.
De la Société, de cet immenſe Corps
Le Général faiſant mouvoir tous les reſſors ;
Et tenant pour le gain toujours ſa caiſſe ou-
    verte,
Le Général doit ſeul en ſupporter la perte (*d*)
    Alte-là. Diſcours qui ravit les eſprits
Parut adulateur au nouveau Verſoris (*e*)
A lui ſeul appartient par ſa mâle éloquence
L'honneur de remporter la palme à l'Audience.
A l'ouïr, par Gerbier le faux fut expoſé (*f*)

(*a*) Riche Négociant de Marſeille, ſubſtitué aux Lioncy après leur faillite par le P. de Sacy Jéſuite Procureur Général des Miſſions, ſuivant les Ordres de ſes Supérieurs.
(*b*) Ordre envoyé au P. de Sacy par le Général, & ſignifié par Huiſſier.
(*c*) Riche Négociant d'Amſterdam.
(*d*) Axiome de droit. Celui qui profite de l'avantage d'une choſe, doit en ſupporter le dommage
(*e*) Me. Thevenot Avocat des Jéſuites.
(*f*) Cet Avocat, apoſtrophant les créanciers de la Société ,

Ricci n'eſt par ſes loix qu'au gain autoriſé.

La perte eſt pour tout autre. Il peut pour une
    pomme (*a*)

En bonne conſcience aſſaſſiner un homme.

Ou lorſque ſes Bâtons manquent le coup fa-
    tal , (*b*)

Faire ce qu'il a fait au Roi de Portugal (*c*)
    Pour moi , je ſuis d'avis qu'en bonne conſ-
    cience ,

Vous devez d'un grand cœur réparer votre
    offence.

Vous avez outragez griévement Ricci

Par votre Arrêt rendu pour Gouffre & Lioncy.
    Quel eſt donc, direz-vous, le violent outrage

Que notre cœur a fait à ce grand perſonnage ;

Doit-elle avoir égard au crédit du puiſſant,

Blanchir le criminel & noircir l'innocent ?

Du Roi du Paraguay (*d*) le Négre craint la
    foudre.

Jamais Themis n'a craint d'être réduite en
    poudre.

leur a dit avec une préſomptueuſe fermeté comme s'il eût été
aſſuré du gain de ſa cauſe : *c'eſt à vous, accuſateurs, c'eſt à vous
d prouver que mes parties ayent fait le commerce. Ce ſeroit un crime,
ſi elles l'avoient fait. Les Jéſuites n'ont fait que vendre les danrées
de leur propre fonds.*

(*a*) Molina. tom. 4. de la Juſtice. Traité 3 doute 16. nom. 7.

(*b*) Malagrida, Mathos, & Alexandre Jéſuites Portugais,
Complices de l'aſſaſſinat du Roi Très-Fidèle, détenus en pri-
ſon, trois Bâtons du Général

(*c*) Avoir recours à la calomnie, & noircir la réputation,
quand on ne peut pas ôter la vie

(*d*) L'année derniere Meſſieurs les Chanoines du Sépulchre
de Paris reçurent de Rome des Reliques de Saint Conſtant,
enveloppées dans deux Cartes du Paraguay ; avec cette inſcrip-
tion au bas. *Paraguay, Royaume de la Société de Jeſus.*

Parce qu'il est le chef de vingt-mille brigans,
Ne doit-il point payer cinquante mille frans,
Pour les dommages faits par sa grande avarice,
Et pour les intérêts dictés par la Justice.
En autant de Mandrins (*a*) les Jésuites changés
Autour de leurs monts d'or se tiendront - ils rangés ?
De vingt-mille poignards leurs fortes mains armées,
Seront-elles près d'eux par la rage animées ?
A leur aide le Ciel osant se refuser,
Du pouvoir de l'Enfer sauront-ils disposer,
Ou pour ne point payer au jour de l'échéance,
Eux-mêmes au Vatican forger une dispense ?
Quoi ? notre jugement si rempli d'équité,
Demeurera sans force , & sans autorité !
Non. Aux Jésuites seuls notre Arrêt formi- dable
Sera de l'Univers la régle inaltérable ;
Et tout Moine au trafic livré honteusemant
Portera de son crime un juste châtiment.
Ainsi pour étaler votre vaine éloquence,
Vous prendrez mon discours pour une imper- tinence ,
Et loin de l'accepter comme un signe d'a- mour ,
Vous irez sur le champ lui défendre le jour.

(*e*) Il y a quelques années qu'un Brigand , nommé Mandrin, ravagéoit les provinces Méridionales de France Pour arrêter ses brigandages , la Cour fut obligée d'envoyer des troupes contre lui.

Lorsqu'à

En france, nous empruntons par charité, et dans les Indes nous prêtons à usure.

Lorsqu'à la vérité l'on rend un juste hom-
    mage,
Du cœur qui la déteste on allume la rage,
Triste & funeste effet de la corruption
Qui se laisse entraîner par l'adulation.
   Je n'attends point, Messieurs, un rempart
    secourable
D'un avenir toujours incertain & peu stable.
Depuis deux siécles Rome a contre vos
    Arrêts (a)
Faits, à faire, rendu d'invincibles décrets.
Que votre ame, aujourd'hui, n'en soit point
    étonnée.
Rome a parlé, Messieurs, la cause est ter-
    minée.
Aux yeux des Nôtres Saints avec ce grand
    secours
Pour Externes pervers vous passerés toujours.
Que l'Astrologue aux Cieux lise avec ses
    lunettes,
Un sublunaire effet causé par les planettes.
Il ne pourra jamais lire un Arrêt pareil
Dans l'ombre dont Vénus (b) doit tacher
    le Soleil.
Croyant dans tous ses points sa science cer-
    taine,

(a) Pie V. dans sa Bulle de 1571, s'explique ainsi : nous accordons à la Sociéé de Jesus tous les priviléges, toutes les immunités, &c qui ont été accordées par nos *Prédécesseurs*, &c qui pourront être accordées par nos *Successeurs*.
(b) Passage de Venus dans le disque du Soleil le 6 Juin 1761.

Il pourroit contre vous tourner le phéno-
     mene,
Vous préfenter le corps de la Société,
Comme un brillant foleil dans le monde
     poré,
Eclairant tout les lieux de fa vive lumiere,
Faifant du bien à tous dans fa vafte carriere,
Et par votre rencontre en paffant obfcurci,
Comme l'eft à préfent fon vrai foleil, Ricci,
Ricci, de Jefus-Chrift la plus parfaite image,
Ricci, de l'univers le plus grand perfonnage,
Ricci, que tout Jéfuite adore comme un
     Dieu
Ricci, par fes tréfors formidable en tout
     lieu,
Ricci, de tout état légiflateur unique,
Ricci, dont la Loi vaut le code évangélique,
Ricci, Supérieur au Pontife Romain,
Ricci, du monde entier Monarque fouverain,
Ricci, réuniffant fur fon chef tous les titres,
Ricci, difpenfateur des couronnes, des mitres,
Ricci, faifant de tous le bon, le mauvais
     fort,
Ricci, feul ayant droit & de vie & de mort,
Ricci, de tout fecret ayant la connoiffance,
Ricci, dirigeant tout felon fa confcience,
Ricci, dont vous deviez refpecter le Décret,
Ricci, honteufement flétri par votre Arrêt,
Cette léfion fait une tache mortelle
Qui furpaffe en noirceur la tache originelle.

Mes mains ont un poignard avec un chapelet.
Lun est pour tromper le vulgaire,
L'autre, pour le plonger dans le cœur téméraire
De tout tyran qui nous déplaît.

Ainſi l'avoit prédit un fils de Loyola,
Un Prophéte fameux, le ſaint Malagrida (*a*)
Quand de Rome envoyé dans cette Capi-
     tale (*b*)
Il ourdit de ſes mains une trame infernale.
Quoi ! juſqu'à préſent vous avez ignoré
Que chez LAURENT RICCI tout eſt ſaint &
     ſacré,
Que l'on eſt mis au rang des ames témé-
     raires, (*c*)
Quand on oſe toucher aux biens des bénits
     Peres. (*d*)
La faute (*e*) dût-elle être à la Ville, à la
     Cour
Avec un grand éclat arrivée en plein jour,
Par l'inſtigation, ou par la mains des NÔTRES,
Fuſſent-ils Procureurs, Recteurs, Profès Apô-
     tres,
Dit le Compendium de la Société,

(*a*) Jéſuite, détenu aux priſons de Portugal pour crime de
Lèze-Majeſté.

(*b*) Ce Jéſuite étoit un homme important dans la Société,
& un *Bâton* du Général, propre a frapper les grands coups ;
il eſt venu d'Italie en France en 1756, ce Prophéte étoit aux
environs de Paris lors de l'aſſaſſinat du 5 Janvier 1757.

(*c*) Tous ceux qui auront la TEMERAIRE hardieſſe de con-
trevenir à nos priviléges, feront excommuniés. *Comp. mot*
privil. §. 10.

(*d*) Dénommination donnée aux Jéſuites par les Portu-
guais.

(*e*) S'il arrive que l'on faſſe léſion à nos priviléges ; qui
que ce ſoit qui la faſſe, dans quelque état où il ſe trouve,
de quelque maniere qu'il l'ait faite, ou qu'il la fera dans la
ſuite, aux perſonnes aux droits, aux BIENS, & aux choſes
de la Société, la léſion eſt nulle & ſans autorité. *Comp. mot.*
privil. §. 9.

B ij

Tout ce qu'on fait contr'eux, est sans auto-
    rité. (*a*)
Tout est nul de plein droit. Je gagerois
    d'avance
Qu'au deux Juin vous irez aggraver votre of-
    fense. (*b*)
Au nom de Dieu, Messieurs, cherchez quel-
    que Pichon (*c*)
Qui vous donne bien vîte une absolution
De vos péchés passés, & par un conseil sage
Vous tienne à l'avenir éloignés du naufrage.
Apprenez donc qu'il est encore trois écueils.
Qui pourroient devenir vos funestes cercueils.
Ce sont, Messieurs, les droits, les personnes,
    les choses;
Il faut sur ces trois chefs tenir vos bouches
    closes ;
Autrement, vous irez, ignorans Magistrats,
Donner la foire (*d*) au corps de nos sçavans
    Prélats.

(*a*) La lésion est nulle, quoiqu'elle ait été faite par la FAUTE des NÔTRES, de nos Procureurs, ou de nos Maisons. *privil.* §. 9

(*b*) Par un Arrêt de la Cour, rendu le 17 Avril dernier, les Chambres assemblées, il fut ordonné aux Jésuites d'apporter leurs constitutions. Le P de Montigny les apporta au Greffe de la Cour le lendemain 18 de l'Edition de Prague 1757. Messieurs les Gens du Roi en doivent faire leur rapport aux Chambres assemblées le 2 Juin prochain.

(*c*) Jésuite qui a fait un Livre abominable. Une de ses maximes est d'aller vîte à confesse, & ensuite communier, quelque grand crime que l'on ait commis.

(*d*) Terme bas, qui signifie dévoiement, produit le plus souvent par une indigestion. Il y a eu des Prélats, qui en ont été indisposés, à la nouvelle de l'Arrêt du 8 Mai 1761.

Ce mal fera fi grand, que par votre impru-
dence

La pefte gagnera le Royaume de France.

Le fage & faint Statut de la Société

Par-tout Sénat doit être humblement refpecté.

Si vos mains retranchoient quelqu'un de fes
myfteres,

Vos noms feroient écrits en rouges caracteres

Vous le prendrez chez vous pour un livre in-
fernal,

Deftructeur de tout bien, aux Souverains
fatal.

LEvangile n'eft point auffi pur que ce **Code**,

Indigne du deftin des livres à la mode.

Les Jéfuites font-ils pour être un jour dé-
truits ?

C'eft vous qui mérités les plus obfcures nuits.

Sur le Tage à préfent à leur fainte mémoire

On dreffe des Autels pour couronner leur
gloire.

Autant que l'Univers laiffez durer leur Loi.

N'écoutez fur ce point ni Gerbier ni le Roi.

Gerbier vous a féduit par fes difcours frivoles.

Devoit-il devant vous prononcer ces paroles ?

Les fils de Loyola font provifoirement

Approuvés & reçus dans votre Parlement.

Vous ne fauriez trop-tôt ordonner la réforme,

D'un Volume, où l'on lit une maxime
énorme, (*a*)

____

(*a*) Quand il s'agira de tuer un tiran, il faudra confulter
le Général. *Conft. Jéfuitiques.*

D'un Livre..... ah, vous l'avez à préſent
   ſous les yeux.
Je dois borner ici mes regards curieux.
Hâtez - vous de juger notre Cauſe célébre
Les Jéſuites ſont bien aux rivages de l'Ebre
Convaincus, & punis des crimes les plus
   grands :
N'oſeriez-vous toucher à des Moines mar-
   chands,
Ne jurez-vous point la noirceur de leur ame.
S'ils ont, en Séculiers, fait un commerce in-
   fâme ?
Je ſaurai reſpecter les dons par nos Rois faits;
Et de la piété conſerver tous les legs.
Je laiſſerai les fonds deſtinés pour les maîtres
Qui pour le bien public ſe conſacrent aux
   Lettres.
Mais il eſt d'autres biens, des mobiliers con-
   nus,
Suffiſans pour payer mes cinq cens mille écus.
Si je n'en trouve point dans ce vaſte Royaume,
J'en pourrai retirer de Madrid, ou de Rome,
Par malheur le Jéſuite en Portugal n'eſt plus.
Bragance a fait ſaiſir ſes amples revenus.
Si l'Europe ne peut fournir à mes finances,
En d'autres lieux j'irai chercher des aſſurances;
Pour me faire payer des fils de Loyola.
Sans peur je porterai mes pas au Canada;
Et, s'il faut parcourir & l'Aſie & l'Afrique,
Les Iſles de la Mer, l'une & l'autre Amérique,

J'en ferai le trajet : par-tout je les fuivrai ;
J'irai jufqu'au Mexique, & jufqu'au Paraguay.
   Le Roi, dont le cœur droit détefte la malice.
Vous dira fur le champ : *que l'on rende Juftice.*
   Cour fuprême, pour moi, j'ouvre un avis
      nouveau.
Sans délai fait rentrer ton glaive en fon four-
      reau.
Jefus n'a-t il pas dit à quiconque le léve ;
» Qui du glaive fe fert, périra par le glaive. (a)

(a) Jefus dit à un de ceux qui étoient avec lui ; remettez
votre épée dans le fourreau ; car tous ceux qui prennent
l'épée méritent de périr par l'épée. *S. Matthieu.* 26 52.

F I N.